Wahrnehmung

Wie dein Unterbewusstsein dein Leben beeinflusst

Inhaltsverzeichnis

Einleitung

Wir haben alle diese Tage, wo wir einfach nicht mehr weiter wissen. Nichts läuft wie gewollt, egal was man anpackt. Bereits beim Aufwachen fühlt man sich energielos, als ob man mit dem linken Fuß aufgestanden sei. Dafür gibt es diverse Gründe: Sei es das Gespräch mit dem Chef vom letzten Abend, welches für ein Gedankenwirrwarr sorgt und dementsprechend auch für schlechten Schlaf; Streit mit dem Liebsten; Liebeskummer oder vielleicht hat man Existenzsorgen und weiß nicht, wie man seine Probleme bewältigen soll. Das Selbstwertgefühl sowie das Selbstbewusstsein können in solchen Momenten beträchtlich leiden. Was macht man in Situationen? Als erster Impuls würde es sich anbieten, jemanden anzurufen und darüber zu reden, eventuell auch beruhigende und motivierende Worte zu hören. Meistens hilft es nicht, sich in einem tiefen Loch befindet. Was macht man, wenn man den Blick auf das Positive verliert und keinen Sinn mehr im Leben sieht?

In diesem Buch werden wir Ihnen verraten, wie man sich selber motivieren kann und sich somit auch selber helfen kann, indem man zum Beispiel Burnout präventiert. Wie lernt man wieder sein Leben zu schätzen, ohne sich dabei durch die Arbeit, Geld oder Anerkennung von anderen zu definieren. Denn was nur Wenige von uns wissen ist, dass in uns die Kraft steckt, den Geist und den Körper in Einklang miteinander zu bringen. Und alles, was es benötigt, ist etwas Vorstellungskraft. Ganz so einfach ist es natürlich nicht, aber wir können tatsächlich unser Leben kontrollieren, indem wir uns unterbewusst quasi darauf programmieren. Tatsächlich ist jeder Mensch in der Lage sein Unterbewusstsein so zu lenken, dass man einen selbstheilenden Prozess in Gang setzten kann. Sogar wissenschaftlich wurde es bereits bewiesen, dass wenn wir uns selber ständig einreden nicht gut genug, schlau genug, schön genug oder einfach nur genug zu sein, kann unser Denken so vernebelt werden, dass wir anfangen es selber zu glauben (vgl. Psychologin Ilona Bürgel/wiwo.de). Vergleicht man sich dann noch mit anderen, führt das zu einem Minderwertigkeitsgefühl, Angstzuständen und unglaublichen Stress.

Was den meisten dabei nicht klar ist, dass diese Zustände durch uns selber hervorgerufen werden, genauer gesagt durch unsere Wahrnehmung – Wahrnehmung unserer Umwelt und die von uns selbst. Das alles hängt mit unserem Gehirn zusammen, denn anstatt sich auf Positives zu fokussieren, legt das Gehirn die Konzentration auf Probleme – ob diese reell sind oder ausgedacht, spielt an dieser Stelle keine Rolle. Denn dieses Verhalten ist auf unsere Vorfahren zurückzuführen und den Drang in der freien Natur zu überleben, der uns heute als ein genetisches Geschenk vererbt wurde. Um zu überleben entwickelt unser Gehirn einen ausgeprägten Reaktionssinn auf Gefahren, somit konnte man früher tatsächlich Feinde besiegen und am Leben bleiben. Doch heute kann solch ein Grundprinzip des mächtigsten Werkes in unserem Körper, selbstzerstörerisch wirken: Konzentriert man sich nur auf negative Gedanken und vermeidet aktiv alles Gute und Positive um einen herum und in einem drin, kann das tatsächlich sowohl für mentale als auch physische Gesundheit gefährlich werden.

Durch die oben aufgeführte Denkweise entwickelt man leichte oder auch schwerwiegende Probleme, die durch das ständige Zweifeln an sich und seiner Person nur verstärkt werden. Dieser Prozess verstärkt sich ebenfalls dadurch, dass man sich gleichzeitig einem enormen Stress aussetzt – man landet in einem Teufelskreis aus Zweifeln sowie Selbstwertminderwertigkeitskomplexen, welcher im schlimmsten Falle mit einem Burnout oder sogar einer tiefen Depression endet. Entdecken Sie, wie Sie diesen Zustand vorbeugen oder Ihr Leben einfach verbessern können, wenn Sie bereits solche Entwicklungen in Ihrem Leben beobachten können. Verstehen Sie das Problem, betrachten Sie es objektiv und probieren Sie praktische Übungen, die Ihnen garantiert helfen werden. Nutzen Sie die Kraft Ihrer Wahrnehmung und verändern Sie ihr Leben zum Besseren!

Kapitel 1: Vom Gehirn zur Wahrnehmung

Unsere Wahrnehmung kann sowohl als etwas abstraktes, aber auch als etwas tastbares, wissenschaftlich erklärbares definiert werden. Bevor wir zu dem Teil kommen, wo wir praktisch erklären werden, wie man durch (Selbst-) Wahrnehmung seine Lebensqualität und den Umgang mit der Umwelt verbessern kann, ist es wichtig zu verstehen, wie Wahrnehmung definiert wird.

Sicherlich sind jedem von uns die fünf Sinne des Menschen bekannt, nämlich das Sehen, Hören, Schmecken, Riechen und der Tastsinn. Nachdem Aristoteles in der Antike die fünf Sinne identifiziert und in den Diskurs eingeführt hat, agierte dieses Verständnis der Wahrnehmung für mehr als 2000 Jahre als führend. Der Wechsel der Paradigmen kam erst im 19. Jahrhundert. Der schottische Psychologe Charles Bell hat beobachtet, dass Blinde trotz der Abwesenheit der Sehkraft, es schaffen sich gekonnt zurechtzufinden. Das Vorhandensein eines Wahrnehmungssinnes für die Lage und Bewegungseinheiten des

Körpers wurden in der Forschung weiterhin im 20. Jahrhundert von dem Neurologen Charles Sherrington untersucht. Als Resultat wurde von ihm herausgefunden, dass menschliche Muskeln und Sehnen über diverse Rezeptoren zur Selbstwahrnehmung verfügen. Das somit lebenslang geschulte Gefühl der Selbstwahrnehmung, welches uns von der Kindheit auf in die Wiege gelegt wird, hilft uns nicht nur dabei, unsere und fremde Bewegungen in der Umgebung wahrzunehmen, zu verstehen und sogar zeitlich zuzuordnen. Es geht auch anders rum und zwar so weit, dass wir quasi bestimmte Geschehnisse prophezeien bzw. lenken können. Der Körperwahrnehmungssinn verleiht uns das Gefühl, dass wir mit Hilfe von Impulsen auf bestimmte Geschehnisse, Körper oder Dinge Einfluss nehmen können, zum Beispiel das Bewusstsein selber so programmieren, dass sich gewisse Zustände verändern (Vgl. Zeit 2008).

Unbewusst wissen wir, dass innerlich bestimmte Prozesse ablaufen, die uns Tätigkeiten wie das Fahrradfahren oder im Dunkeln durch unser Zimmer gehen enorm erleichtern und überhaupt erst möglich machen. Es ist uns jedoch nur im geringen Maße klar, wie viel Einfluss eigentlich der Körpersinn auf unser Leben hat. Manche machen ebenfalls genau diesen „sechsten Sinn“ dafür verantwortlich, wenn man spürt, dass man heute diesen einen Anruf von der Person bekommen wird, an die man schon länger gedacht hat oder wenn man erraten kann, wie viel Kaffee noch in der Kaffeekanne übrig ist.

Mit anderen Worten informiert uns dieser Wahrnehmungssinn über Prozesse und sorgt dafür, dass lebensnotwendige oder einfach wichtige Aktivitäten routiniert durchgeführt werden. Balance halten, was zum Beispiel beim Kellnern ausschlaggebend ist; Schwerpunkt Fokussierung, welches bei Extremsportarten wie Surfen oder Klettern zunutze kommt. Darüber hinaus werden Tätigkeiten wie Zähne putzen, mit Werkzeugen wie Schere, Pinsel oder Bohrmaschine umzugehen oder lediglich Besteck beim Essen halten und nutzen nicht als schwer oder energieraubend empfunden, sondern als natürlich und mühelos. Durch die Wahrnehmung wird es uns möglich gemacht, in unserem unmittelbaren Umkreis voranzukommen, sei es Spiele spielen, Sport treiben, Kochen oder Aufräumen. Dazu werden außer zum Beispiel

Gleichgewichtssinn ebenfalls tiefer liegende Sensoren wie Muskeln und Gelenke verwendet (Quelle: Zeit 2008). Durch all diese Informations-Knotenpunkte werden Signale an unser Gehirn geschickt, sodass Faktoren wie die Stellung, Bewegung oder Energieaufwand der einzelnen Körperteile vom Gehirn aufgenommen werden können. Dabei kann man den Körpersinn oder den Wahrnehmungssinn nicht so leicht definieren, wie das Riechen (durch die Nase) oder Schmecken (Zunge mit den Geschmacksnerven) - der Körper als Ganzes wird mit Hilfe von verschiedenen Sinnen wahrgenommen und erlebt. Zwar dominieren Arme, Beine und der Rumpf den Wahrnehmungssinn, jedoch wird dieser gleichermaßen durch Tiefen- und Tastsinn ausbalanciert. Wie genau wird nun Wahrnehmungssinn wissenschaftlich definiert und welche verschiedenen Arten der Wahrnehmung gibt es? Das wird in den nachfolgenden Kapiteln erläutert.

Kapitel 2: Was ist Wahrnehmung?

Betrachtet man die kognitive Ebene, kann Wahrnehmung als ein kognitiver, aktiver Prozess bezeichnet werden, der uns die Fähigkeit verleiht Reize aus unserer Umwelt aufzunehmen, Informationen zu fixieren, diese zu verstehen und ihnen einen legitimen Sinn zu verleihen. Bei dem Prozess der Wahrnehmung spielt ebenfalls der Fluss der Information und der erhaltenen Reize eine große Rolle: Wir werden nicht nur durch Reize und Informationen geleitet, die wir passiv erhalten (Bottom-Up-Info Verarbeitung → von unten nach oben), sondern stellen uns darauf ein bestimmte Informationen oder Reize bereits zu erwarten oder voraussagen zu können (Top-Down-Info Verarbeitung → von oben nach unten). Diese Erwartung bestimmter Geschehnisse wird durch die Wahrnehmung, bewusst oder auch unbewusst, kontrolliert. Diese grundlegenden kognitiven Fähigkeiten helfen uns sowohl im Alltag, als auch in speziellen Situationen. Sei es das Wahrnehmen von Geräuschen oder anderen Reizen in gefährlichen Situationen; das Wahrnehmen von Verkehrszeichen beim Autofahren oder die richtige Wahrnehmung bestimmter Impulse am Arbeitsplatz – man denke nur an Polizisten, Konstrukteure, Künstler oder Ärzte - diese grundlegende kognitive Fähigkeit ist enorm wichtig für das Verstehen und Interpretieren unserer Umgebung (Vgl. Cognifit 2017). Bei jedem ist die Wahrnehmung auf einem anderen Niveau – doch diese kann man tatsächlich trainieren und verbessern. Bevor wir zu dem praktischen Teil kommen, wie man durch das Trainieren der Wahrnehmung das eigene Leben enorm verbessern kann, schauen wir uns erstmal verschiedene Formen der Wahrnehmung.

Arten der Wahrnehmung

Wir haben bereits festgestellt, dass Wahrnehmungssinn im Folge eines Vorganges zum Vorschein kommt, der durch die fünf Sinne des Menschen unterstützt wird, und in einem Kommunikationsprozess mit der Umgebung stattfindet. Somit lassen sich bestimmte Wahrnehmungsformen den fünf Sinnen des Menschen zuteilen. Die zwei Hauptsinne, die unsere Wahrnehmung am meisten beeinflussen, sind das Sehen und das Hören.

Unsere visuelle Wahrnehmung von Reizen lässt sich biologisch leicht erklären: Die Lichtinformationen, die auf das menschliche Auge treffen, werden im Rahmen des zumutbaren Spektrums wahrgenommen und interpretiert. Der im Gehirn zuständige Teil dafür nennt sich Occipitallappen und wird auch das Sehzentralsystem des Gehirnes genannt (vgl. FcoAT 1998).

Unsere auditive Wahrnehmung ist somit mit dem Hörvermögen in Verbindung zu bringen. Die Informationen oder Reize werden durch für Menschen hörbare Frequenzen über die Luft (oder andere Wege wie über Telefon) fixiert und interpretiert. Der im Gehirn zuständige Teil für das Aufnehmen und Verstehen der Töne nennt sich Temporallappen. Dieser Gehirnteil ist ebenfalls für das Sprechen und Entwicklung unseres Gedächtnisses zuständig (vgl. Kandel 1996).

Des Weiteren sind die drei anderen Sinne des Menschen nicht weniger wichtig für das Empfinden unserer Wahrnehmung. Durch unseren Tastsinn nehmen wir Informationen und Reize durch Berührungen wie Vibration oder Druck auf und interpretieren diese in der entsprechenden Weise. Somit können wir Gefahren und Schmerz erfahren und das Gehirn sendet dann das Kommando die Hand aus dem brennenden Feuer zum Beispiel rauszunehmen. Für diese Art von Wahrnehmung ist der Gehirnteil namens Parietallappen verantwortlich, der ebenfalls für Aktivitäten wie Lesen, Rechnen oder das räumliche Wahrnehmen zuständig ist (vgl. FcoAT 1998).

Unser Geruchssinn wird mit Hilfe der Riechrinde im Gehirn gesteuert. Die Reize werden in der Form von chemischen Substanzen aus der Luft entnommen und interpretiert. Ähnlich funktioniert auch die Wahrnehmung durch unseren Geschmackssinn, jedoch werden die chemischen Substanzen, die als Informationen oder Reize dienen, nicht direkt aus der Luft entnommen, sondern aufgelöst in der Speichel. Für diesen Vorgang sind mehrere Gehirnpartien verantwortlich, die sich in primäre und sekundäre Geschmacksbereiche aufteilen lassen (Vgl. Cognifit 2017).

Weitere Formen der Wahrnehmung

Im Laufe der Jahre wurden in der Wissenschaft weitere Wahrnehmungsarten identifiziert, die sich den fünf Hauptsinnen des Menschen nicht 100%-ig zuschreiben lassen und meistens mit Hilfe der Stimulation von mehreren Gehirnpartien hervorgerufen werden. Diese sind folgende:

- Die Wahrnehmung der Formen: Durch Ertasten (haptische Wahrnehmung) und das Sehen (visuelle Wahrnehmung) werden Informationen über die Konturen der Formen übertragen.

- Gleichgewichtssinn ist der Wahrnehmungssinn, der uns verhilft uns in einem Raum zu orientieren das Gleichgewicht beim Gehen oder Fahrrad fahren oder allgemein unsere Haltung zu kontrollieren. Um zum Beispiel die genaue Position oder den

Zustand von Muskeln zu spüren, wird die Tiefensensibilität als Sinneswahrnehmung aktiviert. Somit kann die gesamte Körperhaltung erkannt und verbessert werden. Etwas anders, aber in der selben thematischen Richtung, funktioniert die kinästhetische Wahrnehmung. Man empfängt Informationen über Bewegungen und Geschwindigkeit verschiedener Körper oder auch die des eigenen Körpers in der Umgebung und ist im Stande diese zu verstehen.

- Wahrnehmung der Temperatur, meistens auf unserer Haut sowie Wahrnehmung von Schmerz hervorgerufen durch niedrige oder hohe Wärmereize oder einen hohen Druck. Zusammenhängend ist auch die Wahrnehmung von Juckreiz.

- Das Gefühl, wenn wir spüren was mit unseren Organen nicht in Ordnung ist, ist ebenfalls eine Sinneswahrnehmung und wird Interozeption genannt.

- Eine weitere herausragende Fähigkeit unseres Gehirnes ist es Veränderungen von Reizen in der Umgebung zu interpretieren und diese zeitgerecht zuzuordnen – somit nimmt man die Zeit wahr.

- Magnetrezeption ist die Fähigkeit magnetische Reize zu empfangen, für die nicht viele Menschen empfindlich sind.

Man merkt, dass der Wahrnehmungssinn entweder durch einen Hauptsinn der Menschen, durch mehrere oder durch alle stimuliert und unterstützt werden kann. Viele Fähigkeiten treffen nicht auf alle Menschen zu und in vielen bleibt der sogenannte sechste Sinn für lange verborgen. In weiteren Kapiteln werden wir Ihnen zeigen, wie man den sechsten Sinn trainieren kann und somit sein Leben und seine Lebensqualität verbessern kann.

Kapitel 3: Bewusstsein, Gedächtnis und Wahrnehmung

Welche Rolle spielt das Gedächtnis, wenn es um unsere Wahrnehmung geht? Stellen wir uns ein kleines, neugeborenes Kind vor. Bei einem Baby sind die Sinne noch nicht so entwickelt wie bei Erwachsenen und alles muss erst Mal erlernt werden: Die Interpretationen vom Gesehenen müssen mit dem Tastgefühl einhergehen und meistens passiert es mit Hilfe der über die Zeit gemachten Erinnerung. So werden Tätigkeiten wie aus dem Bett krabbeln oder etwas öffnen auf Grund der gesammelten Erfahrungen eingeprägt. Beim Spielen wie zum Beispiel beim Stapeln von Lego, Bauklötzen oder anderen Spielgegenständen wird unbewusst viel Wissen über Massenverteilung, Gravitation und Schwerpunktsetzung erlangt, an welches sich in zukünftigen Situation erinnert wird, damit der Spielturm nicht zum Einsturz kommt. Unser Gedächtnis hilft enorm dabei, uns an Wahrnehmungen mit diversen Sinnen zu erinnern und somit ebenfalls bestimmte Sachen oder Situationen prophezeien zu können. Laut einer Studie von dem Biologen Konrad Lorenz und dem Entwicklungspsychologen Jean Piaget, kann auch das abstrakte Denken ein unterstützender Punkt bei der Erfahrung der Sinneswahrnehmung sein (Quelle: Zeit 2008). Man denke nur an die räumliche Vorstellungskraft beim Autofahren, wenn man an der Autobahn an einem LKW vorbeifahren möchte, oder wenn man das Auto in eine enge Lücke einparken will.

Der amerikanische Neuropsychologe Antonio Damasio geht noch einen Schritt weiter: In seiner Studie hat er rausgefunden, dass Emotionen und Gefühle ebenfalls eine Auswirkung auf Körperwahrnehmungen haben (Quelle: Zeit 2008). Mit Hilfe von Gefühlen können wir zusätzlich zu unseren offensichtlichen Sinneswahrnehmungen die Situationen analysieren, bewerten und darauf basierend Entscheidungen treffen. Zurückblickend auf die Evolution kann das Gefühl der Angst ausschlaggebend fürs Überleben sein, denn wir werden besonders vorsichtig oder spüren den Drang zu flüchten. Fast genauso funktioniert es mit der Wut, nur dass man dann den Impuls verspürt anzugreifen anstatt die Flucht zu ergreifen. Somit kann man sehen, dass auch negative Emotionen für die Wahrnehmung wichtig sind, denn diese können sich zur richtigen Zeit am richtigen Ort als überlebenswichtig erweisen.

Diese Beobachtung wurde von der Psychologin Barbara Fredrickson ihre wissenschaftlich als die „broaden and build" (erweitern und bauen) Theorie legitimiert. Diese Theorie besagt, dass die Art und Weise, wie wir mit unseren Emotionen und Gefühlen umgehen und wie wir als Resultat auf bestimmte Situationen reagieren, für die Wahrnehmung eine enorm relevante Rolle spielen. Dabei ist es ebenfalls legitim und wichtig sowohl negative als auch positive Gefühle zu haben. Negative Gefühle wirken sich positiv auf kurzfristige „Erfolge" oder Ziele aus wie zum Beispiel das Überleben oder Nicht-Verletzt-Werden, schränken aber gleichzeitig die Perspektive ein, sodass man sich nur auf eine Emotion konzentriert und alles andere abweist – man bekommt den so genannten „Tunnelblick". Das kann negative Folgen auf das psychische und physische Sein haben. Durch die negativen Emotionen wird die Arbeit des Immunsystems sowie diverse Heilungsprozesse des Körpers verlangsamt und entzündungsfördernde Prozesse begünstigt. Mental kann man sich die negativen Emotionen so sehr in die Gedanken verinnerlichen, dass es in unserer Erinnerung viel grösser und bedeutungsvoller bleibt, als es eigentlich ist. Kennen Sie vielleicht auch selber die Konsequenz der Schlaflosigkeit, wenn man nachts total müde im Bett liegt und nicht einschlafen kann, weil einem problematische Gedanken aus dem Kopf nicht entweichen wollen. Positive Emotionen hingegen sind ausschlaggebend für langfristige Erfolge wie aus den Fehlern lernen oder optimistische Einstellung behalten, denn mit Hilfe von positiven Gefühlen wird unser Horizont erweitert, wir fühlen uns besser, sowohl mental als auch psychisch. Es wird quasi ein neues psychologisches Bewusstseinssystem einprogrammiert, welches von einer flexiblen und freiheitsorientierten Weltperspektive ausgeht und somit unser mentales und körperliches Wohlsein unterstützt (Quelle: WIWO 2014).

Zufriedenheit durch Wahrnehmung

In Verbindung mit unserer Erinnerung und unserem Bewusstsein konnten wir feststellen, dass unsere Emotionen und Gedanken unmittelbar in Verbindung mit der eigenen Wahrnehmung und der Wahrnehmung unserer Umwelt in Verbindung stehen. Zurückgreifend auf die biologische Erklärung der Sinneswahrnehmungen, können wir die uns umgebenden Situationen und Geschehnisse nicht nur aufnehmen und analysieren, sondern auch andersrum, bestimmte Sachen oder Zustände vorhersehen oder herbeirufen. Das gilt ebenfalls für ein tiefes Gefühl des Glücks und der Zufriedenheit. Durch Erinnerungen und Fokus an schöne Gefühle konzentrieren wir uns auf die positiven Dinge im Leben und können somit Probleme ausblenden beziehungsweise leichter bewältigen. Diese Überlegungen kommen aus der neuen Richtung der Psychologie, die als positive Psychologie bezeichnet wird. Im Grunde geht es bei dieser Methode darum sich weniger auf die negativen Zustände und Lagen wie Depressionen oder Angstzustände zu fokussieren und versuchen diese zu bekämpfen. Stattdessen verhilft man sich selbst mit Hilfe einfacher Übungen und Visualisierungstechniken einen glücklichen und zufriedenen Lebenszustand zu erreichen. Dabei wird gleichzeitig die Lebensqualität und die Beziehungen zu anderen Menschen verbessert. So kann man jeden Lebensbereich positiv beeinflussen und sich ein Traumleben aufbauen, ohne dabei viel zu tun.

Diese Methode, in die wir Sie ebenfalls mit praktischen Übungen einführen werden, wurde ebenfalls in wissenschaftlichen Studien eingesetzt – mit genialen Resultaten. Die Forscher der deutschen Universität Martin-Luther-Universität Halle-Wittenberg und der Schweizer Universität Zürich 113 Studienteilnehmer im Laufe von 6 Monaten beobachtet und evaluiert. Dabei sollten die Teilnehmer in Fragebögen den Stand ihrer Lebenszufriedenheit mit Abständen von 1 Woche, einem Monat sowie drei und sechs Monaten. Während der Erhebungsphasen haben die Probanden eine einzige Aufgabe erhalten, und zwar sich jeden Abend neun Dinge zu notieren, die sie an dem Tag erlebt haben und welche sie glücklich gemacht haben oder welche ihr Gemüt erheitert haben. Diese Technik ist sehr beliebt, um sich durch Wahrnehmung auf ein glücklicheres Leben zu programmieren, die zum Beispiel in dem Buch „Happiness Advantage“ von Shawn Achor ebenfalls erwähnt wird. Dabei kann man in der Anzahl der notierten Situationen oder Sachen variieren – in dem erwähnten Buch sind es zum Beispiel 3 Sachen, die zu notieren sind. Dabei konnten in der Studie die Empfindungen so subjektiv angegangen werden, wie es jedem der Probanden lieb war – sei es ein Kompliment, ein schönes Bild, Buch oder eine ausgezeichnete Mahlzeit – Qualität der Glückserlebnisse wurde nicht untersucht. Bereits nach der ersten 1-wöchigen Erhebung konnten die ersten Ergebnisse erhoben werden. Die Gesamtlaune sowie Lebenszufriedenheit stiegen tatsächlich an. Gleichzeitig konnte eine Verminderung in negativen Gefühlslagen oder gar Depressionen beobachtet werden. Die Dauerhaftigkeit der Ergebnisse hielt 1 Monat nach der Erhebung an. Zwar konnten keine erheblichen Änderungen mehr nach 3 und 6 Monaten beobachtet werden, jedoch hat sich auf Dauer die Zufriedenheit und Lebensqualität verbessert (Quelle: n-tv.de).

Eine Selbstbekräftigung ist in dem Fall ein starkes Mittel, um seine Wahrnehmung zu verändern und sein Leben positiv zu lenken. Dabei geht es weniger um die Bestätigung aus der eigenen Umgebung oder der Außenwelt, die sicherlich wirksam ist, sondern eher um die Art der Affirmationen, die aus einer inneren Überzeugung kommen. Die Art der positiven Haltung zu sich selbst und der Welt, seinem Tun und Handeln, kann dabei durch leichte Übungen unterstützt werden. Man programmiert seine Gedanken und seine Wahrnehmung auf Positives. Wie das funktioniert wird anhand eines einfachen Beispiels erklärt.

Bei der Vorstellung des jetzigen Studentenlebens findet man sicherlich einige gravierende Unterschiede zu dem Leben der Studenten vor 20 oder 30 Jahren. Als Folge des Bologna-Prozesses hat man als Student weniger Zeit, um den Lernprozess wahrhaftig zu genießen und fühlt sich oft unter Druck gesetzt. Der Druck besser und erfolgreicher als die anderen zu sein, alle Prüfungen zu bestehen, ohne dabei eine Möglichkeit zu haben Fehler zu machen. Es erscheint unmöglich, sich Zeit für eigene Interessen zu nehmen und tiefer in die Materie des Erlernten zu gehen. Die Diversität der Studenten lässt sich in allen Universitäten wiederfinden: neben finanziell abgesicherten Studenten gibt es andere, die sich mit mehreren Nebenjobs das Studium finanzieren müssen oder auch welche, die aus nicht so glücklichen persönlichen oder finanziellen Umkreisen kommen und nur dank eines Stipendiums studieren können. Die große Rivalität lässt den einen oder anderen an sich zu zweifeln, manchmal geht es soweit, dass man anfängt daran zu denken, das Studium hinzuschmeißen oder man schneidet schlechter ab, als man eigentlich könnte. Denn man denkt immer, man ist eh nicht gut genug und schafft es nicht. Man programmiert sein Wahrnehmungsgefühl darauf ein. Wie kann eine Änderung des Wahrnehmungssinnes an dieser Stelle helfen? Mit einfachen Übungen kann man tatsachlich Wunder bewirken. Man kann beispielsweise sich jeden Morgen im Spiegel ansehen und Sätze wie „Du schaffst es, du hast es drauf und du wirst Erfolg haben!" oder „Dir gelingt alles, was du dir vornimmst!" sagen. Somit geht man auf die Tatsache zurück, dass unsere Gedanken unsere Realität beeinflussen und die Wahrnehmung eine unmittelbare Wirkung auf unsere Gedanken hat. Denken wir also positiv und bestätigen uns selbst in unseren Gedanken, überträgt es sich in die reale Welt. Folgt man also seinem Weg und programmiert seine Wahrnehmung in Zeiten der Zweifel auf positive Stimmung ein, hilft es einem nicht aufzugeben und den Weg zu den eigenen Wünschen und zum eigenen Glück zu verfolgen. Wichtig dabei ist, sich nicht mit anderen zu vergleichen und sich somit negativen Gedanken zu öffnen. Denkt man erst dran, um wieviel besser die anderen sind, ohne sich auf eigene Erfolge zu konzentrieren, verliert man möglicherweise Selbstbewusstsein und Motivation.

Kapitel 4: Wahrnehmung praktisch trainieren und sein Leben verbessern

Wir haben bereits festgestellt, dass negative Gedanken uns den so genannten Tunnelblick entwickeln lassen. So können wir nicht das Positive im Leben sehen und sind die Sklaven unserer Gedanken. In solchen Situationen kontrollieren die Gedanken uns, und nicht wir sie, während sich die Wahrnehmung nur auf das Negative fokussiert. Wir finden selber Argumente, die uns in unserer Ansicht unterstützen, ohne Rücksicht auf Realität zu nehmen. So sehen wir nur, was wir sehen wolle - einen minimalen Ausschnitt aus der eigentlichen Realität. Haben wir uns einmal in den Kopf gesetzt, dass unser Partner uns fremdgeht, werden wir überall Hinweise dafür finden und schließlich wird es auch so kommen, denn wir programmieren unser Unterbewusstsein darauf und nehmen nur die Aspekte war, die unsere Idee unterstützen. Unterbewusst ziehen wir sogar die Freunde oder Menschen an, die uns in

unserer eigenen Wahrnehmung unterstützen und sogar bestärken.
Durch den Tunnelblick sind wir nur darauf konzentriert, wovor wir Angst haben und an die programmierten Gedanken passen wir ebenfalls dann unsere Verhaltensweisen an. In dem Beispiel mit dem Fremdgehen, würden wir wegen jeder Kleinigkeit eine Eifersuchtsszene beginnen oder grundlos einen Streit anfangen. Der Partner wird dabei nicht verstehen, woher die Launen und Gedanken kommen. Im Endeffekt kommt es in solchen Situationen vor, dass der Partner letztendlich fremdgeht, ohne die Idee oder den Wunsch davor gehabt zu haben. Setzen wir uns einmal so eine Idee in den Kopf, ziehen wir die Geschehnisse buchstäblich an. Hat man so eine Wahrnehmung, die durch negative Gedanken geleitet wird, wiederholt man dieses Verhalten immer wieder und entwickelt eine Art Musterverhalten, welches sich jedes Mal wiederholt – unabhängig von dem Partner. Durch die negative Wahrnehmung verengt sich unser Blick und setzt den Partner unter enormen Druck damit. Wir fangen an einen unbegründeten Stress zu empfinden, den wir uns selber erschaffen. Fängt man einen Streit an, haben

wir manchmal das Gefühl die Kontrolle zu verlieren und uns gegen jede Logik zu verhalten. Man sagt unüberlegte Sachen, die im Nachhinein einem leidtun, wird unausstehlich und es kommt auch vor, dass man anfängt sich wie ein verzogenes Kind zu benehmen. Zum Schluss kann man die Kontrolle dermaßen verlieren, dass man jede Fassung verliert.

Das Problem wird dementsprechend nur subjektiv in das Negative gezogen und auch so analysiert. Weiß man nicht, wie man mit der Situation umgehen soll, wiederholt man die Verhaltensweisen unbewusst immer wieder. Deshalb werden wir immer wieder Mangel erleben, die uns unglücklich machen, denn automatisch richten wir unsere unerfüllten Bedürfnisse nach Außen aus, obwohl objektiv gesehen es keinen Anspruch bzw. keine Legitimierung für das subjektive Streitverlangen gibt. Daher ist die Problemlösung in uns selber zu suchen und wir selber können unsere Lage und unsere Verhaltensmuster, die uns unglücklich machen, verändern. Laut den Psychologen und Forschern aus Harvard und Princeton (Quelle: wiwo) entsteht

Lebensunzufriedenheit dadurch, dass wir der subjektiven Meinung sind von etwas weniger zu haben, als wir denken zu verdienen oder zu brauchen – sei es Liebe, Geld, Zuneigung oder Materielles. Wie bekämpft man also solche Zustände und wie kann man sich wieder glücklich machen?

Stellen wir unser Gehirn auf positive Gedanken ein, reagiert man auf sich selbst und auf die Umgebung offener und zuvorkommender. Die Lösung liegt tatsächlich sehr nah bei dem Problem, und zwar in der Änderung der subjektiven Wahrnehmung. An dieser Stelle kommen wir wie versprochen zu dem praktischen Teil, indem wir Ihnen zeigen werden, wie Sie Ihre Wahrnehmung trainieren können. Dabei werden einige Übungen die fünf Sinne schärfen, die Voraussetzung für die Erfahrung des Wahrnehmungssinnes sind. Wie es bereits in dem theoretischen Teil erwähnt wurde, ist es notwendig, dass alle 5 Sinne auf ihrem Maximum ausgeprägt sind. Andere Übungen werden den unterbewussten Wahrnehmungssinn und die eigene subjektive Wahrnehmung zu sich selbst und der Umwelt trainieren. Bevor wir zu genauen

Übungen kommen, gibt es ein paar generelle Tipps, denen man bei dem Prozess der Selbstwahrnehmungsänderung folgen sollte.

Generelle Regeln und Empfehlungen

Es ist wichtig, dass man konsequent mit der Durchführung der Übungen bleibt und diese regelmäßig wiederholt. Es wird ganz einfach sein die Übungen als Routine in Ihren Tag aufzunehmen, sodass Ihre Wahrnehmung sich bis zu einem unglaublichen Maximum Intensivieren kann.

Einige Tipps, die den Prozess der Schärfung des Wahrnehmungssinnes verbessern und bei der Umprogrammierung der negativen Gedanken auf positives Dasein hilft, haben wir für Sie hier zusammen getragen.

1. <u>Finden Sie einen Verbündeten</u>

Klar haben wir alle Tage, an denen wir so gar nicht motiviert sind. Da hilft es auf jeden Fall jemanden zu haben, der ebenfalls sein Leben mit der Hilfe der positiven Wahrnehmung verbessern will oder einfach einen guten

Freund oder Freundin, die sie kontrolliert und motiviert.

2. Vorteile sehen

Sehen Sie die Übungen als Möglichkeiten an, ihr Leben nachhaltig zu verbessern und glücklich zu sein. Stellen Sie sich das Endziel vor, wie Ihre Gesundheit verbessert wird und Sie nie mehr gestresst und unglücklich sein müssen. Zwingen Sie sich quasi Dinge positiv zu sehen (zusätzlich zum Punkt 2) und vergessen Sie nicht, dass Niemand perfekt ist.

3. Nicht übertreiben

Anknüpfend an die Überlegung, dass niemand perfekt ist, ist es wichtig sich nicht gleich am Anfang zu überanstrengen, denn wir können nur langfristige Erfolge erreichen, wenn wir nichts überstürzen. Nehmen Sie sich die Zeit, die Sie brauchen.

4. Halten Sie Ihre Erfolge fest

Schreiben Sie sich Ihre Erfolge auf, und zwar täglich zu der selben Zeit auf. Nehmen Sie sich täglich auch Zeit, um diese sich durchzulesen. Das hilft der Motivation und dem Durchhaltevermögen.

5. Teilen Sie Ihre Ergebnisse mit

Haben Sie Ihren Motivationspartner gefunden, können Sie Ihre Erfolge und Ihren Progress regelmäßig mitteilen. Wenn es Ihnen nichts ausmacht, können Sie Ihre Erfahrungen auch mit einem breiten Publikum teilen, beispielsweise in der Form eines Blockes.

Übungen zur Schärfung Ihrer 5 Sinne

Suchen Sie sich die Übungen aus, die Ihnen Spaß machen und nicht unangenehm sind. Fangen Sie mit einer an und steigern Sie sich in der Anzahl der Übungen, wenn Sie sich wohl fühlen. Machen Sie ihren Kopf frei und vergessen Sie falsche Erwartungen – alles, was Ihnen keine Freude bereitet, ersetzen Sie durch andere Übungen oder passen sich die Übungen an.

Formen sehen oder ertasten

Egal ob Sie sich zu Hause befinden, in der Mittagspause im Büro sitzen oder einen Spaziergang im Park unternehmen – achten Sie auf alle Formen um Sie herum und versuchen Sie diese aufzuzählen. Zählen Sie so lange, bis Sie sich etwas erschöpft fühlen. Diese Übung hilft Ihnen die Umwelt und Ihre Umgebung intensiver wahrzunehmen. Haben Sie zum Beispiel zu Hause die Möglichkeit, die Formen zu ertasten, machen Sie es. Schließen Sie dabei die Augen und stellen Sie sich die Gegenstände vor. Die Übung kann ebenfalls mit Farben anstatt Formen durchgeführt werden.

Formen ertasten 2

Nutzen Sie Ihren Tastsinn in einer anderen Situation und versuchen Sie zu erraten, was Sie in der Hand haben. Dafür bräuchten Sie entweder Ihren Motivationspartner oder bitten Sie einfach jemanden darum, unterschiedliche Sachen in einen Korb oder eine Kiste zu legen. Dann nehmen Sie jeden

Gegenstand einzeln raus und versuchen mit geschlossenen Augen durch das Ertasten zu erraten, was es ist.

Spüren Sie Ihre Umgebung

So oft es geht und wo auch immer, versuchen Sie Ihre Schuhe auszuziehen und barfuß zu gehen. Schließen Sie Ihre Augen und versuchen Sie den Boden so intensiv zu spüren wie es nur geht. Machen Sie es zu Hause oder draußen in der Natur. Verteilen Sie Ihr Gewicht gleichmäßig und setzen Sie die gesamte Fußsohle auf den Boden.

Schmecken und verstehen

Kennen Sie bereits das Phänomen „Dinner im Dunkeln"? Sie gehen in ein Restaurant, wo es kein Licht gibt und Sie Ihr Abendessen in der kompletten Dunkelheit verzehren. In diesem Fall isst Ihr Auge nicht mit. Können Sie aber in der kompletten Dunkelheit schmecken, was Sie essen? Diese Übung ist perfekt, um Ihren Geschmackssinn zu schärfen und das Essen intensiver wahrzunehmen.

Man kann natürlich das Experiment auch zu Hause durchführen und jemanden bitten, für Sie zu kochen. Dann beim Verzehr der Mahlzeit schließen Sie die Augen oder nutzen eine Augenbinde. Sie können an dem Essen riechen, die Textur der Produkte schmecken und den Geschmack intensiver wahrnehmen. Zwischendurch kann man diese Übung immer ganz gut durchführen, indem Sie Augen beim Essen Schließen und versuchen das Essen und den Geschmack bewusst wahrzunehmen.

Hören Sie genau hin

Diese Übung eignet sich ausgezeichnet, um in der Natur ausgeführt zu werden. Haben Sie keinen Wald in der Nähe, kann man sich in den nächstgelegenen Park begeben oder sogar sich im eigenen Garten hinsetzen. Fühlen Sie sich bequem und komfortabel? Entspannen Sie Ihren ganzen Körper und spüren Sie die frische Luft um Sie herum. Schließen Sie die Augen und konzentrieren Sie sich bewusst auf alle Geräusche, die Sie umgeben. Versuchen Sie diese aufzuzählen bzw. zu erraten, welche das sind. Diese Übung ist auch super für zwischendurch, zum

Beispiel für die Mittagspause oder nach dem Joggen.

Sehen und wahrhaftig verstehen

Manchmal sehen wir Sachen, ohne diese wahrhaftig zu sehen. In dieser einfachen Übung geht es darum Dinge bewusst zu beobachten und zu verstehen. Egal wo Sie sind, nehmen Sie sich 2 Minuten Pause und achten Sie darauf, was Ihre Aufmerksamkeit erweckt. Überlegen Sie genau, welcher Gegenstand, welche Situation oder Person Ihre Aufmerksamkeit erweckt hat. Achten Sie auf Ihre Gedanken, den Gedankengang und versuchen Sie zu reflektieren, warum Sie gerade jetzt diese Gedanken haben. Woran erinnern Sie sich, welche Gefühle haben Sie? Lassen Sie sich von den Ergebnissen überraschen!

Kapitel 5: Transformation Ihres Wahrnehmungssinnes

Haben Sie erstmal mit den Übungen zur Schärfung Ihrer Sinne angefangen, hat man sich eine Basis für eine tiefere, mentale Arbeit mit dem Wahrnehmungssinn erschaffen. Den Wahrnehmungssinn kann man in diversen Bereichen des Lebens einsetzen, sodass das gesamte Leben durch eine Veränderung in der Rezeption der Umwelt verbessert wird. Wie bereits erklärt, sind unsere Gedanken das A und O und lenken unsere Sicht auf das Leben. Mit unseren Gedanken schaffen wir definitiv unser Leben zu verändern: kontinuierliche Übung verhilft enorm zu diesem Ziel zu kommen. Um die mentale Arbeit zu beginnen, empfiehlt es sich sein Leben „von der Seite“ anzuschauen und nach Optimierungsmöglichkeiten zu suchen. Warum sehe ich Dinge negativ? Was macht mich unglücklich? Auf der Suche nach Antworten wird einem oft klar, dass die Umgebung eine wichtige Rolle in der eigenen Wahrnehmung spielt und Auslöser für ein unglückliches Leben sein kann. Was kann man da machen?

An dieser Stelle muss man so gnadenlos es klingt, die negativen Menschen und die Energiefresser aus Ihrer Umgebung entfernen. Es hilft manchmal einfach nicht an Beziehungen festzuhalten oder diese fortlaufen zu lassen, wenn diese einen unglücklich machen und keinen positiven, anregenden oder interessanten Lebensinput bieten. Wir haben nur ein Leben und keine Zeit es zu verschwenden an die Sachen und Menschen, die einem nicht gut tun. Glauben Sie mir, die Menschen, die wirkliche Freunde sind oder die in Ihrem Leben sein sollen, werden bleiben. Die anderen werden entweder selber es so fühlen wie Sie, dass irgendwie die Luft raus ist und man redet miteinander, ohne dabei wahrhaftig zu kommunizieren. Oder diejenigen, die einfach jemanden zum Reden/Zuhören brauchen, werden zwar empört sein über Ihre Entscheidung, aber sehr bald schon jemanden anderen finden, dem Sie durch ihre negativen Gespräche Energie rauben könnten. Man hat auch manchmal negative Menschen um sich herum, die einen nicht motivieren – ganz im Gegenteil versuchen sie uns aufzuzeigen, wie blöd unsere Ideen und

Lebensmaßstäbe sind und, dass wir unsere Ziele niemals erreichen werden. Um konsequent Ihren Zielen zu folgen und diese zu erreichen, müssen Sie sich mit Träumern und Optimisten umgeben.

Andere Art von energieraubenden, negativen Menschen, die uns umgeben – sei es im Freundeskreis, in der Familie oder auf der Arbeit – sind die, die ohne Klatsch und Tratsch nicht leben können und ihre eigene Situation immer als negativ oder schlechter als bei anderen einschätzen. Fokussieren Sie Ihre Gedanken nicht auf solche Menschen, sonst können Sie das was Sie denken nicht mehr so leicht kontrollieren. Vergessen Sie nie: Sie und nur Sie bestimmen, was, wann und wie oft Sie denken. Ein paar praktische Tipps die zu einer Wahrnehmungstransformation verhelfen, könnten folgende sein:

1) Gedankengang kontrollieren

Sie Sind der Herr über Ihre Gedanken. Um das Leben positiver zu sehen und die Lebensqualität zu verbessern, ist es enorm wichtig sich auf positive Gedanken zu konzentrieren bzw. diese zu erzeugen. Wenn Sie merken, dass Sie die Welt und das Sein als zu negativ empfinden, stellen Sie sich vor Ihre Gedanken sind Wolken. Lassen Sie diese vorbeiziehen und betrachten Sie diese von der Seite. Wenn Sie sich wirklich über etwas ärgern wollen, setzen Sie sich einen Zeitlimit – ärgern Sie sich zum Beispiel zum Beispiel 15 Minuten lang über Etwas und lassen Sie es gehen. Ein anderer wichtiger Punkt an dieser Stelle ist, dass Stress auf keinen Fall unterdrückt werden sollte.

2) Sagen Sie Nein

Wir kennen das alle: Kurz vor dem Feierabend kommt der Vorgesetzte rein und bombardiert uns mit dringenden Aufgaben. Oder die Nachbarin bittet uns auf den Hund aufzupassen, da sie den Wochenendtrip schon so lange geplant hat. Eigentlich haben Sie sich ebenfalls etwas vorgenommen und feste Pläne fürs Wochenende gemacht, in die Überstunden und Hundesitten nicht reinpassen. Aber trotzdem fühlen wir uns schuldig und sagen Ja. Im Nachhinein ärgern wir uns noch die gesamte Woche über unsere Entscheidung und unsere Gedanken kreisen nur um den inneren Ärger. Lernen Sie Nein zu sagen und das zu tun, was Sie glücklich macht. Es ist völlig ok. Man muss nicht gleich denken, es ist unhöflich oder kommt aggressiv rüber: Sagen Sie als Erstes wie gern Sie helfen würden, aber es jedoch nicht können und schlagen Sie Ihre Hilfe für nächstes Mal an. Somit lassen Sie die negativen Gedanken erst gar nicht in Ihren Kopf.

3) Treiben Sie Sport

Sport ist nicht nur gut für den Körper, sondern auch für den Geist. Merken Sie, dass Ihre Gedanken eine negative Richtung nehmen und Sie können sich nicht ablenken? Gehen Sie ins Fitnessstudio, gehen Sie joggen oder einfach Mal spazieren. Bewegen Sie sich und entlassen Sie die negativen Energien. Ihr Kopf wird frei und durch die körperliche Betätigung werden ebenfalls die 5 Sinne aktiviert. Der Körper und der Geist arbeiten auf Hochtouren, ihr Teint erstrahlt, Sie fühlen sich gesund und munter!

4) Denken Sie sich gesund

Andersrum kann man sich ebenfalls wieder auf die Beine stellen. Denken Sie sich einfach gesund. Es gibt viele Fälle, wo körperlich beeinträchtigte Menschen mit Hilfe eines Gedanken Trainingsprogramm unglaubliche Erfolge erreicht haben. Mit Fleiß und einem starken Willen, konsequenter Arbeit und Hilfe der Gedankenkraft und Visualisierungstechniken wurden die fünf Sinne zu einem gewissen Maß aktiviert. Nicht automatisch, sondern mit sorgfältigem Vorausplanen wird jede Alltagsbewegung angegangen und im Laufe der Zeit wird das, was so schwierig erscheint, zu einer Routine. Bei kleiner Krankheiten oder gesundheitlichen Missgeschicken funktioniert das „Mind Training" auch wunderbar. Reden Sie sich nicht ein, dass Sie schwer krank sind und sich schlecht fühlen. Manchmal ist es echt der Fall, aber man sollte nichts dramatisieren und alles mit einem klaren Verstand angehen. Denn für Ihr Wohlbefinden sind Sie ganz allein zuständig. Fokussieren Sie sich auf die Gedanken, dass Sie gesund sind, sich gut fühlen und die Krankheit buchstäblich sich in der Luft auflöst. Es wurde wissenschaftlich bewiesen, dass 3 positive Gedanken einen negativen

Gedanken ersetzen. Denken Sie also an 3 Dinge, die mit Ihrem Körper stimmen und Ihrem Wohlbefinden beitragen; denken Sie wie stark Ihr Körper ist und programmieren Sie ihn auf Gesundheit ein – probieren Sie es sofort aus!

5) Nehmen Sie sich Zeit

Wie oft wünschen wir uns, dass der Tag 48 Stunden hätte – Minimum! Wie kommt es? Denn eigentlich war es schon immer so, dass der Tag 24 Stunden hatte – vor 1000 Jahren wie heute. Wie kann man sich mit seinen Gedanken mehr Zeit verschaffen und ein Leben ohne Zeitmangel führen? Die Idee, dass wir nicht genug Zeit haben, ist natürlich bei uns selber in unserem Kopf erschaffen. Immer wieder planen wir zu viele Sachen für den Tag ein. Durch Bitten der Anderen, vor allem wenn man schlecht Nein sagen kann (siehe Punkt 2), kommen mehr und mehr Sachen auf die To-Do Liste. Unsere Konzentration wird dadurch beeinträchtigt, wir fühlen uns müde und am Ende des Tages so, als ob wir nichts geschafft hätten. Wie wäre es gleich alles richtig zu machen, ohne den Fehlern, die dann wirklich Zeit rauben, eine Chance zu geben? Gleich am Morgen konzentrieren Sie sich auf 3 wichtigste Sachen, die Sie erreichen möchten – nicht mehr und nicht weniger. Beginnen Sie den Tag mit dem Gefühl, dass Sie alle Zeit der Welt haben. Stehen Sie 20-30 Minuten früher auf und nehmen Sie sich Zeit für Sport, Lesen, Meditieren oder ein ausgiebiges Frühstück, eben das, was Ihnen wichtig ist. Durch diese kleinen Tricks durchbrechen Sie den Kreislauf des Zeitmangels. Vergessen Sie nicht auch kleine Gedankenpausen in Ihren Tag einzubauen – das bietet sich besonders gut an in Verbindung mit den praktischen Übungen für die Stärkung Ihrer 5 Sinne.

Arbeiten Sie mit diesen Übungen und durch Ihre Gedankenkraft können Sie im Leben alles schaffen. Machen Sie sich keine Sorgen, wenn Sie nicht sofort einen Erfolg sehen – meistens bedarf es mindestens 27 Tage (ein voller Zyklus), damit wahre Veränderungen verankert werden und zur Routine werden. Bei jeden Menschen ist es natürlich anders, deshalb geben Sie nicht auf und notieren Sie sich Ihre Erfolge und Ziele und lesen Sie diese immer durch!

Schlusswort

Mit viel Fleiß und konsequentem Verfolgen Ihrer Ziele, können Sie Ihr Leben in jede Richtung lenken, in die Sie nur wollen. Das A und O ist es dabei, Ihre Gedanken dementsprechend zu lenken. Mit den in diesem E-Book vorgestellten Techniken hoffen wir Ihnen einen Einblick in die Welt der Gedankenarbeit ermöglicht zu haben und Sie dazu motiviert, Ihr Leben zu verändern.
Es ist leicht und kostet kein Geld – alles ist in Ihren Händen. In der Wissenschaft und der Geschichte unserer Zeit wurde es im Laufe der Jahre festgehalten, wie viel Gedankenkraft ausrichten kann und welche Erfolge durch positives Denken erreicht werden können. Viele Sachen erscheinen uns selbstverständlich, andere sind uns neu – die Zauberformel heißt nicht aufgeben und die vorgestellten Übungen konsequent durchzuziehen.

Manchmal werden Sie Tage haben, da erscheint alles schlecht und ausweglos. Lesen Sie sich dieses E-Book nochmal durch, hören Sie schöne Musik oder schauen Sie einen tollen Film an – was Ihr Wohlbefinden eben verbessern kann. Als Nächstes lesen Sie sich Ihre Notizen zu Ihren Erfolgen oder Ihr Tagebuch durch. Umgeben Sie sich mit positiven Menschen und lassen Sie Inspiration und Motivation in Ihre Gedanken rein. Der Unterschied wird nicht nur für Sie, sondern auch für Ihre Umwelt sichtbar sein. Probieren Sie es aus und verändern Sie Ihr Leben zum Besseren!

Quellen

https://www.cognifit.com/de/wahrnehmung

http://www.zeit.de/zeit-wissen/2008/04/Propriozeption

http://www.n-tv.de/wissen/Zufriedenheit-waechst-durch-Wahrnehmung-article17025956.html

http://www.zeitblueten.com/news/uebungen-wahrnehmung-sinne-foerdern/

http://www.wiwo.de/erfolg/beruf/positive-psychologie-wie-negative-gefuehle-das-gehirn-vernebeln/9870006.html

Federative Committee on Anatomical Terminology (1998). TerminologiaAnatomica. Stuttgart: Thieme.

Eric R. Kandel u. a. (Hrsg.): Neurowissenschaften. Eine Einführung. Spektrum Akademischer-Verlag, Heidelberg 1996, ISBN 3-86025-391-3.

Impressum

Impressum:

ALI KALAI TLEMCANI

1 Complexe El hassani Immeuble Amal 2

90000 TANGIER

Marokko

Wichtiger Hinweis:

Die in diesem Buch enthaltenen Informationen dienen ausschließlich informativen Zwecken und dürfen unter keinen Umständen als Ersatz für eine professionelle Beratung oder Behandlung durch ausgebildete und anerkannte Ärzte angesehen werden. Diese beinhalten keinerlei Empfehlungen bezüglich bestimmter Diagnose- oder Therapieverfahren. Die Inhalte dürfen niemals als eine Aufforderung zur Selbstbehandlung oder als Grundlage für Selbstdiagnosen und -medikation verstanden werden. Die Informationen spiegeln lediglich die Meinung des

Autors wieder. Der Autor übernimmt für die Art oder Richtigkeit der Inhalte keine Garantie, weder ausdrücklich noch impliziert.

Sollten Inhalte des Buches gegen geltendes Recht verstoßen, dann bittet der Autor um umgehende Benachrichtigung. Die betreffenden Inhalte werden dann umgehend entfernt oder geändert.

Haftung für Links

Das Buch enthält Links zu externen Webseiten Dritter, auf deren Inhalte wir keinen Einfluss haben. Deshalb können wir für diese fremden Inhalte keine Gewähr übernehmen. Für die Inhalte der verlinkten Seiten ist stets der jeweilige Anbieter oder Betreiber der Seiten verantwortlich. Die verlinkten Seiten wurden zum Zeitpunkt der Verlinkung auf mögliche Rechtsverstöße überprüft. Rechtswidrige Inhalte waren zum Zeitpunkt der Verlinkung nicht erkennbar. Eine permanente inhaltliche Kontrolle der verlinkten Seiten ist jedoch ohne konkrete Anhaltspunkte einer Rechtsverletzung nicht zumutbar. Bei Bekanntwerden von Rechtsverletzungen werden wir derartige Links umgehend entfernen.

37582189R00034

Printed in Poland
by Amazon Fulfillment
Poland Sp. z o.o., Wrocław